BEI GRIN MACHT SICH IHR WISSEN BEZAHLT

- Wir veröffentlichen Ihre Hausarbeit, Bachelor- und Masterarbeit

- Ihr eigenes eBook und Buch - weltweit in allen wichtigen Shops

- Verdienen Sie an jedem Verkauf

Jetzt bei www.GRIN.com hochladen und kostenlos publizieren

Untersuchung des Einflusses von Mobbing auf die Entwicklung einer Essstörung in der Adoleszenz

Rafaela Stranz

Bibliografische Information der Deutschen Nationalbibliothek:

Die Deutsche Nationalbibliothek verzeichnet diese Publikation in der Deutschen Nationalbibliografie; detaillierte bibliografische Daten sind im Internet über http://dnb.d-nb.de abrufbar.

ISBN: 9783346579232
Dieses Buch ist auch als E-Book erhältlich.

Druck und Bindung: Books on Demand GmbH, Norderstedt Germany
Gedruckt auf säurefreiem Papier aus verantwortungsvollen Quellen

Das vorliegende Werk wurde sorgfältig erarbeitet. Dennoch übernehmen Autoren und Verlag für die Richtigkeit von Angaben, Hinweisen, Links und Ratschlägen sowie eventuelle Druckfehler keine Haftung.

Das Buch bei GRIN: https://www.grin.com/document/1169045

Untersuchung des Einflusses von Mobbing auf die Entwicklung einer Essstörung in der Adoleszenz

Inhaltsverzeichnis

1. Einleitung

Mobbing ist ein weit verbreitetes Phänomen unter Jugendlichen. Die Ausübung oder Erfahrung von verbaler und non-verbaler Gewalt sowie Cyber-Mobbing gehört für viele Schülerinnen und Schüler zum Alltag. Inzwischen ist jeder sechste fünfzehnjährige Schüler in Deutschland regelmäßig Opfer von Mobbingvorfällen (OECD, 2017). Trotzdem wird das Problem wenig thematisiert, weshalb viele der in Mobbing involvierten Jugendlichen die Auswirkungen ihres Verhaltens nicht kennen.

Die Beteiligung am Mobbing kann für Opfer sowie Täter zu erheblichen Folgeschäden führen. Der aktuelle Forschungsstand legt nicht nur Resignation und Isolation Betroffener als Reaktionsverhalten auf Mobbing Beteiligung nahe, sondern deutet auch auf eine erhöhte Anfälligkeit zur psychischen Erkrankung an einer Depression hin (Freie Universität Berlin, 2011).

Auch Essstörungen wie Bulimie oder Magersucht sind psychisch bedingte Krankheiten. Da ein erhöhter Prozentsatz an Mobbingvorfällen im Zeitraum zwischen der sechsten und der zehnten Klasse festzustellen ist (Ebner, 2019) und ein Anstieg an essverhaltensauffälligen Jugendlichen beobachtet wird (Universitätsklinikum München, 2017), ergibt sich die Frage nach einem möglichen Zusammenhang zwischen Mobbing und den Symptomen einer Essstörung bei Jugendlichen. Ist die Beteiligung am Mobbing ein Auslöser für die Entwicklung einer Essstörung in der Adoleszenz?

Die Relevanz des Themas steigt aufgrund des Zuwachses an Jugendlichen mit der Erkrankung an einer Essstörungen zwischen fünfzehn und vierundzwanzig Jahren. Hinweise auf ein auffälliges Essverhalten zeigen sogar rund ein Fünftel der Jugendlichen (Robert Koch-Institut, 2008). Angesichts der hohen Zahlen an Betroffenen und den schwerwiegenden Folgen einer Essstörung auf die körperliche sowie die psychische Gesundheit, wird die Auseinandersetzung mit diesem Themengebiet immer bedeutender. Zwar gibt es zahlreiche Ursachen für die Entstehung einer Essstörung, dennoch wäre der Befund des Mobbings als direkter Auslöser für Gewichtsreduktion ein interessanter wissenschaftlicher Erkenntnisgewinn.

Ziel der vorliegenden Arbeit ist es, durch die Analyse dreier wissenschaftlich relevanter Fachartikel, den Zusammenhang zwischen der Beteiligung am Mobbing und einer Gewichtsreduktion im Jugendalter zu untersuchen. Dabei bezieht sich die Nachforschung auf Opfer sowie auf Täter. Als relevanter Aspekt werden die Bedeutungen verschiedener Mobbing Rollen und mögliche geschlechtsspezifische Unterschiede geprüft. Angestrebt wird die Identifikation von Mobbing Beteiligung als Auslöser für die Entstehung einer Essstörung.

2. Hauptteil

Im folgenden Kapitel werden relevante Begriffe und die zu klärende Fragestellung erläutert. Des Weiteren wird die angewandte Vorgehensweise zur Erstellung der vorliegenden Arbeit einschließlich der Literaturrecherche und deren Ergebnisse beschrieben. Zum Verständnis der wesentlichen Literaturinhalte erfolgt im weiteren Verlauf des Textes eine thematische Zusammenfassung des genutzten Schrifttums. Zudem wird eine Synthese der zusammengefassten Inhalte ausführlich dargestellt.

2.1 Theoretischer Hintergrund

Essstörungen gehören laut Klassifikationssystem für medizinische Diagnosen, dem International Statistical Classification of Diseases and Related Health Problems, Auflage 10, zu den psychischen und Verhaltensstörungen. Der Begriff beschreibt mehrere verschiedene Krankheitsbilder wie die Magersucht, die Ess-Brechsucht und die Binge-Eating-Störung (Robert Koch-Institut, 2008).

Da das Augenmerk der Forschungsfrage auf dem Aspekt der Gewichtsreduktion bei Jugendlichen liegt, sind für diese Arbeit die Magersucht (Anorexia nervosa) und die Ess-Brechsucht (Bulimia nervosa) vorrangig. Diese sind markante Störungen des Essverhaltens, welche durch eine massive und selbst herbeigeführte Gewichtsreduktion charakterisiert werden und oft zu körperlichen Folgeerkrankungen führen. Auf die Gesamtbevölkerung bezogen treten 0,1 bis 0,6 Neuerkrankungen an Essstörungen pro 100.000 Einwohner und Jahr auf (Universitätsklinikum München, 2017).

Ein weiterer zentraler Begriff dieser Arbeit ist das Mobbing, welches eine Form der Peer-Viktimisierung beschreibt, bei der ein Ungleichgewicht der körperlichen oder psychischen Stärke zwischen zwei Parteien vorliegt. Eine Person erfährt negative Handlungen von einem oder mehreren Mitmenschen, wie beispielsweise Hänseleien, Drohungen oder Gewalt (Ebner, 2019). Da Mobbing keine eindeutig definierte Krankheit ist, liegen keine wissenschaftlich anerkannten Angaben zur Häufigkeit vor.

Eine moderne Form des Mobbings ist das Cyber-Mobbing. Dabei werden Informations- und Kommunikationstechnologien genutzt, um ein Opfer absichtlich und über einen längeren Zeitraum hinweg zu schikanieren (Pieschl / Porsch, 2012, S. 18).

Entscheidend für den weiteren Verlauf ist die Unterscheidung anhand der möglichen Mobbing Rollen Bully, Opfer und Bully-Opfer. Das Opfer ist die vom Mobbing betroffene Person, welche von Anderen geschädigt wird. Der Bully übt das Mobbing auf Andere aus. In der genutzten Literatur finden sich verschiedene Bezeichnungen der Täterrolle. In dieser Arbeit wird einheitlich der Begriff Bully verwendet. Die Kombination aus Bully und Opfer wird als Bully-Opfer bezeichnet, welches das Mobbing sowohl ausübt als auch selbst davon betroffen ist (Dale et al., 2017, S. 5).

Anhand der Forschungsfrage des vorliegenden Textes soll untersucht werden, ob in Mobbing involvierte Jugendliche eine stärkere Tendenz für Essstörungen und Gewichtsreduktion aufweisen, als am Mobbing unbeteiligte Gleichaltrige.

2.2 Methodik

Diese wissenschaftliche Arbeit zum Thema „Untersuchung des Einflusses von Mobbing auf die Entwicklung einer Essstörung in der Adoleszenz" entstand im Rahmen des Studiengangs Angewandte Psychologie an der IB Hochschule, Studienzentrum Stuttgart. Der Aufbau und die Form der Arbeit entsprechen den Richtlinien des Leitfadens für wissenschaftliches Arbeiten an der IB Hochschule und den Vorgaben des betreuenden Dozenten. Das methodische Vorgehen umfasst im ersten Schritt eine intensive Literaturrecherche mittels der medizinischen bibliographischen Online-Datenbank PubMed. Im weiteren Verlauf erfolgte eine Auswahl themenrelevanter Literatur und die gründliche Auseinandersetzung mit den ausgewählten Fachartikeln.

2.2.1 Literaturrecherche und Ergebnisse

Nach der Auseinandersetzung mit den Funktionen des Portals PubMed erfolgte am 16.01.2019 die Literatursuche mittels folgender Suchbegriffe: (bullying OR mobbing OR victimization) AND (eating disorders OR weight loss OR anorexia nervosa OR bulimia nervosa) AND (adolescence OR adolescents OR teenagers OR childhood). Die Verwendung der Booleschen Operatoren AND und OR kombinierte die einzelnen Suchbegriffe miteinander, woraus sich eine Sammlung aus 164 zum Thema passenden Fachartikeln ergab.

Der Filter „most recent" sortierte die Fachartikel nach Veröffentlichungszeitpunkt. Das Publikationsdatum wurde auf rückwirkend fünf Jahre begrenzt, um ausschließlich sehr aktuelle wissenschaftliche Arbeiten über das Forschungsthema zu erhalten. Aufgrund der sich ändernden Erkenntnisse über Essstörungen sowie die Entstehung moderner Formen des Mobbings, wie das Cyber-Mobbing, galt die Aktualität als ein entscheidendes Kriterium zur Literaturauswahl.

Die weitere Einschränkung der Ergebnisse auf frei zugängliche Texte führte zu einer Sammlung von 31 Artikeln. Diese wurden manuell anhand des Titels sowie den Schlüsselwörtern und infolgedessen anhand des Abstracts selektiert. Aufgrund des Bezuges zu nicht themenrelevanten Auswirkungen des Mobbings, wie beispielsweise Depressionen, wurden Texte ausgelassen. Zusätzlich erfolgte ein Ausschluss der Literatur, welche Zusammenhänge zwischen einem Gewichtsverlust und für das Forschungsthema bedeutungslose Aspekte, wie beispielsweise Stress, untersucht. Auch wurden Artikel, die sich insbesondere auf das Kindheitsalter beziehen, nicht als geeignet zur Beantwortung der Forschungsfrage empfunden.

Nach Prüfung des geeigneten Materials wurden drei themenrelevante Fachartikel festgelegt. Der 2015 publizierte Artikel „Is childhood bullying involvement a precursor of eating disorder symptoms? A prospective analysis" eignet sich zur Beantwortung der Fragestellung, da er eine aussagekräftige Langzeitstudie über Mobbing in der Adoleszenz als Risikofaktor für Essstörungen darstellt. Zusätzlich beschreibt der 2017 veröffentlichte Artikel „Does psychological functioning mediate the relationship between bullying involvement and weight loss preoccupation in adolescents? A two-stage cross-sectional study" eine umfangreiche Studie über den Zusammenhang zwischen Mobbing und den Symptomen einer Essstörung, wobei besonders die Unterschiede zwischen Mobbing Rollen und Geschlechtern aufgezeigt werden. Angesichts der Tatsache, dass Cyber-Mobbing im Zeitalter der Digitalisierung zu einer immer verbreiteteren Form des Mobbings heranwächst, fällt die weitere Auswahl auf den 2018 publizierten Artikel „Cyber Victimization Is Associated With Eating Disorder Psychology in Adolescents".

Die gewählte Literatur wird intensiv bearbeitet, um alle relevanten Informationen zur Beantwortung der Forschungsfrage erfassen und analysieren zu können. Die Literaturrecherche erstreckte sich über den Zeitraum von 16.01.2019 bis 25.01.2019. Eine vollständige Dokumentation der Literatursuche befindet sich in Anhang: A1: Tabelle: Suchdokumentation Datenbank PubMed.

2.2.2 Inhaltliche Zusammenfassungen

A) Is childhood bullying involvement a precursor of eating disorder symptoms? A prospective analysis

Der im September 2015 auf der Website „International Journal of Eating Disorders" publizierte Fachartikel von C. M. Bulik, W. E. Copeland, E. J. Costello, S. T. Lereya, D. Wolke und N. Zucker, untersucht den Effekt von Mobbing auf die Entwicklung von Essstörungen. Die herangezogene Grat-Smoky-Mountain Studie analysiert, ob die Beteiligung am Mobbing im Kindheits- und Jugendalter ein erhöhtes Risiko zur Entstehung einer Essstörung birgt. Des Weiteren werden geschlechtsspezifische Unterschiede und Langzeitauswirkungen geprüft (Bulik et al., 2015, S. 1).

Die Daten wurden mittels einer repräsentativen Stichprobe erhoben, welche von 1993 bis 2003 wiederholt durchgeführt wurde. Die 1.420 Teilnehmer/innen waren neun-, elf - und dreizehn-jährige Schülerinnen und Schüler aus elf Landkreisen im Westen von North Carolina, USA. Diese wurden jährlich bis zum Alter von sechzehn Jahren und erneut im Alter von neunzehn, einundzwanzig und fünfundzwanzig Jahren befragt. Es wurde berichtet, ob das Kind in den vergangenen drei Monaten als Bully, Opfer oder Bully-Opfer in Mobbing involviert gewesen war (ebd., S. 3). Anhand eines bewährten

Interviewverfahrens zur Diagnose von Essstörungen bei Kindern und Jugendlichen wurden die Teilnehmenden auf die Symptome von Essstörungen getestet. Zusätzlich erfolgte eine regelmäßige Auswertung des Body-Mass-Index (BMI) und die Durchführung angepasster Modelle des Testverfahrens, welche das Geschlecht und wichtige persönliche Merkmale wie familiäre Missstände oder psychiatrische Probleme berücksichtigten. Eine angepasste Version des Standardverfahrens testete den Zusammenhang zwischen Mobbing Beteiligung und einer gesteigerten Gefährdung zur Erkrankung an einer Essstörung im Erwachsenenalter (Bulik et al., 2015, S. 4 f.)

Das Ergebnis der Studie ist, dass am Mobbing beteiligte Kinder und Jugendliche trotz Berücksichtigung individueller und familiärer Faktoren erhöht Hinweise auf die Symptome einer Essstörung aufweisen (ebd., 5 f.). Bullys zeigen ein erhöhtes Risiko zur Entwicklung bulimischer Symptome. Opfer leiden unter den Symptomen der Anorexie und der Bulimie sowie den damit verbundenen Merkmalen wie beispielsweise die Angst vor einer Gewichtszunahme. Bully-Opfer zeigen Merkmale beider Essstörungen als kompensatorisches Verhalten. Es gibt weder einen Nachweis für geschlechtsspezifische Unterschiede (ebd., S. 11 f.), noch kann ein Langzeiteffekt festgestellt werden. Eine überdurchschnittliche Gefährdung zur Erkrankung an einer Essstörung im jungen Erwachsenenalter existiert der Studie zufolge nicht (ebd., S. 10).

B) Does psychological functioning mediate the relationship between bullying involvement and weight loss preoccupation in adolescents? A two-stage cross-sectional study

Der auf der Website „International Journal of Behavioral Nutrition and Physical Activity" publizierte Fachartikel von J. Dale, A. Guy, K. Lee und D. Wolke aus dem Jahr 2017, analysiert den Zusammenhang zwischen Mobbing Beteiligung und Gewichtsreduktion in der Adoleszenz. Die beschriebene BASE Studie prüft, ob Bullys, Opfer und Bully-Opfer im Vergleich zu nicht in Mobbing involvierten Jugendlichen ein erhöhtes Risiko zur Gewichtsabnahme aufweisen. Zusätzlich werden geschlechtsspezifische Unterschiede und psychologische Funktionsweisen als Vermittler zwischen der Mobbing Rolle und einer Gewichtsreduktion untersucht (Dale et al., 2017, S. 3).

Die Datenerhebung erfolgte anhand eines zweistufigen Stichprobenverfahrens zwischen September 2014 und Juli 2015. An Stufe eins nahmen knapp 2.800 und an Stufe zwei 767 Jugendliche von fünf Sekundärschulen Großbritanniens im Durchschnittsalter von 13,6 Jahren teil. Ein Anteil von 53 Prozent war weiblich (Dale et al., 2017, S. 4 f.). In Stufe eins wurde die Mobbing Rolle der Teilnehmenden anhand von Selbstberichten und Peer-Nominierungen beurteilt (ebd., S. 5), um später Verknüpfungen zwischen den Mobbing Rollen und einer Gewichtsreduktion aufstellen zu können (ebd., S. 8). Teilnehmende schätzten die Häufigkeit an Mobbingvorfällen in ihrem Umfeld in den letzten sechs Monaten. Individuelle Merkmale wie Geschlecht, Alter und ethnische Zugehörigkeit wurden von den Teilnehmenden selbst gemeldet und als Indikator für den sozioökonomischen Status gewertet (ebd., S. 5).

In Stufe zwei wurden anhand geeigneter Skalenmodelle das Selbstwertgefühl, das Körperbewusstsein und emotionale Probleme der Teilnehmenden bewertet (ebd., S. 6). Eine Analyse der Gesamtergebnisse wurde als Indikator für psychologische Funktionsweisen und dem daraus resultierenden Grad des Wohlbefindens verwendet (ebd., S. 8). Auch die Teilnahme an einem international anerkannten Befragungsmodell zur Diagnose psychischer Krankheiten sowie die Erfassung und Auswertung des BMI und des Stadiums der Pubertät waren Teil der zweiten Stufe (ebd., S. 6 f., S. 12).

Die BASE Studie ergibt, dass Jugendliche, die am Mobbing beteiligt sind, eine erhöhte Gewichtsabnahme aufweisen (ebd., S. 14). Entscheidend für die Auswirkungen sei die Mobbing Rolle. Bei Bullys ist der Gewichtsverlust direkt und unabhängig von psychologischen Funktionsweisen (ebd., S. 14). Bei Opfern hingegen wird die Gewichtsabnahme durch die Verminderung der psychologischen Funktionsweisen als Folge vom Mobbing gefördert (ebd., S. 16). Mobbing-Opfer übernehmen gemischte Merkmale von Bullys sowie von Opfern, woraus der größte Gewichtsverlust resultiert. Bei Mädchen liegt der Studie zufolge häufiger eine Gewichtsreduktion vor als bei Jungen (ebd., S. 14 f.).

C) Cyber Victimization Is Associated With Eating Disorder Psychology in Adolescents

Der im Juni 2018 auf der Website „Frontiers in Psychology" veröffentlichte Fachartikel von J. H. Marco und M. P. Tormo-Irun behandelt die Korrelation zwischen Cyber-Mobbing und der Entwicklung von Essstörungen bei Jugendlichen. Die Studie beschäftigt sich mit der Frage, ob Cyber-Mobbing negativ mit der Psychopathologie von Essstörungen zusammenhängt und ob die Beurteilung des Aussehens und das Geschlecht signifikante Moderatoren sind (Marco / Tormo-Irun, 2018, S. 1). An der Studie nahmen 676 Jugendliche aus mehreren Städten Spaniens im Durchschnittsalter von 14,3 Jahren teil. Etwa 54 Prozent der Teilnehmenden waren weiblich.

Die Datenerhebung fand mittels dreier verschiedener Fragebögen statt, die von den Teilnehmer/innen ausgefüllt wurden (Marco / Tormo-Irun, 2018, S. 3). Anhand des ersten Fragebogens, dem MBSRQ aus dem Jahr 2000, wurde die Zufriedenheit mit dem eigenen Aussehen sowie die Häufigkeit von Diäten und die daraus resultierende Beschäftigung mit dem Gewicht durch geeignete Skalenverfahren dokumentiert (ebd., S. 3 f.). Bei dem zweiten Fragebogen, dem EAT aus dem Jahr 1979, testete man die Teilnehmenden auf die Symptome einer Essstörung. Durch Beantworten des dritten Fragebogens, dem ECIPQ aus dem Jahr 2015, erfolgte eine Beurteilung, ob die Teilnehmer/innen in den letzten zwölf Monaten Opfer bestimmter Verhaltensweisen wie Beleidigungen, Bedrohungen, der Verbreitung von Gerüchten durch Nachrichten, Internet oder soziale Medien waren (ebd., S. 4).

Die Studie ergibt, dass 57,5 Prozent der Teilnehmer/innen in den vergangenen zwei Monaten Opfer von Cyber-Mobbing waren (ebd., S. 5). Dabei gibt es keinen statistisch signifikanten Unterschied zwischen Mädchen und Jungen (ebd., S. 8). Des Weiteren ergibt sich ein Zusammenhang zwischen Cyber-Mobbing und der Wertung des Aussehens. Da der Körper ein Hauptziel von Cyber-Viktimisierung ist, führt dessen negative Wertung häufig zu Unzufriedenheit mit dem eigenen Aussehen und daraus resultierend zur Entwicklung eines negativen Körperbildes. Aus diesem Ergebnis erschließt sich eine Korrelation zwischen Cyber-Mobbing und der Psychopathologie von Essstörungen (ebd., S. 9).

2.3 Synthese der inhaltlichen Zusammenfassungen

Eine zur Beantwortung der Forschungsfrage entscheidende Gemeinsamkeit der vorliegenden Studien ist die Korrelation zwischen der Beteiligung am Mobbing und einer Gewichtsreduktion. Studie A) verdeutlicht, dass in Mobbing involvierte Jugendliche unter Berücksichtigung persönlicher und sozialer Faktoren häufiger die Merkmale einer Essstörung wie Bulimie oder Anorexie aufweisen, als die am Mobbing unbeteiligte Peer-Group (Bulik et al., 2015, S. 6). Studie B) zeigt ebenfalls eine erhöhte Gewichtsreduktion bei Bullys, Opfern und Bully-Opfern (Dale et al., S. 14). Gleichermaßen beweist Studie C) eine gesteigerte Entwicklung von den Symptomen einer Essstörung als Reaktion auf Cyber-Mobbing (Marco / Tormo-Irun, 2018, S. 9). Aus den Ergebnissen lässt sich ablesen, dass Mobbing ein Auslöser für die Entwicklung von Essstörungen sein kann. Jugendliche, die am Mobbing beteiligt sind, beschäftigen sich vermehrt mit ihrem Gewicht und weisen einen niedrigeren BMI auf, als unbeteiligte Gleichaltrige.

Während in Studie B) und C) der Effekt von Mobbing auf einen momentanen Gewichtsverlust bei Jugendlichen untersucht wird, beschäftigt sich Studie A) zusätzlich mit der Frage nach einem Langzeiteffekt, welcher das Risiko zur Entwicklung von Symptomen einer Essstörung im jungen Erwachsenenalter erhöhe. Diese Vermutung wurde aufgrund eindeutiger Untersuchungsergebnisse widerlegt (Bulik et al., 2015, S. 10). Demzufolge geht mit einer Beteiligung am Mobbing keine überdurchschnittliche Gefährdung zur Erkrankung an einer Essstörung im jungen Erwachsenenalter einher.

Ein weiterer wichtiger Punkt ist die Frage nach der Relevanz des Geschlechts im Bezug auf Mobbing und den davon ausgelösten Symptomen einer Essstörung. Im Gegensatz zu Studie A) und C), welche keine signifikanten geschlechtsspezifischen Unterschiede beschreiben, weist Studie B) eine Häufung von Hinweisen auf eine Essproblematik bei Mädchen auf (Dale et al., S. 15). Dennoch führt eine Abwägung der Studienergebnisse zu dem Entschluss, das Geschlecht in dieser Arbeit nicht als entscheidenden Faktor zur Entwicklung von Essstörungen als Folge von Mobbing Beteiligung zu werten. Aufgrund der Tatsache, dass alle vorliegenden Studien das Geschlecht als Moderator untersuchen und zwei der drei Testverfahren keine statistisch signifikanten Unterschiede zwischen

Mädchen und Jungen feststellen, ist eine zufällige Häufung in Studie B) denkbar. Zwar ist bekannt, dass Mädchen öfter an Essstörungen erkranken als Jungen (Universität München, 2017), allerdings beziehen sich diese Auswertungen auf Essstörungen mit allgemeinen Auslösern. Da sich diese Arbeit ausschließlich auf durch Mobbing entwickelte Essstörungen beschränkt, sind diese Daten nicht als relevant anzusehen. Zusammenfassend lassen sich bei Essstörungen, die durch Mobbing ausgelöst werden, keine nennenswerten geschlechtsspezifischen Unterschiede erfassen.

Ein signifikanter Aspekt des Forschungsthemas sind Mobbing Rollen. Während Studie C) grundsätzlich von Cyber-Mobbing spricht und sich dabei vorrangig auf die Opfer von Cyber-Mobbing bezieht, gibt es in Studie A) und B) eine Unterscheidung zwischen Bully, Opfer und Bully-Opfer. Alle Ergebnisse wurden für jede Kategorie separat berechnet und ausgewertet, um die direkten Auswirkungen der Mobbing Rolle auf die Gewichtsabnahme zu untersuchen (Dale et al., S. 8). Gemäß Studie A) zeigen Bullys bulimische Symptome, während Opfer Symptome der Bulimie sowie der Anorexie aufweisen (Bulik et al., S. 11 f.). Studie B) untersucht insbesondere den Einfluss der psychologischen Funktionsfähigkeiten auf den Gewichtsverlust bei Jugendlichen und stellt ebenfalls einen Einfluss der Mobbing Rolle auf die Entwicklung von Symptomen fest. Bullys weisen eindeutige und direkte Symptome auf, welche unabhängig von psychologischen Funktionsweisen sind (Dale et al., S. 14). Direkte Symptome, wie beispielsweise absichtliches Erbrechen, sind charakteristisch für Bulimie. Dies führt zu einer Übereinstimmung mit den Ergebnissen aus Studie A). Opfer weisen laut Studie B) die Symptome einer Essstörung aufgrund geminderter psychologischer Funktionsweisen auf (ebd., S. 14). Eine Minderung der psychologischen Funktionsfähigkeiten führt häufig zu einem Körperunwohlsein und der Entwicklung eines negativen Selbstbildes. Essstörungen wie Anorexie oder Bulimie können eine Folge sein. Dies deutet auf eine erneute Überschneidung der Studienergebnisse hin. Aus dem direkten Vergleich lässt sich herauslesen, dass die Mobbing Rolle für den Effekt auf eine Gewichtsreduktion entscheidend ist. Daraus resultierend besteht eine erhöhte Gefährdung zur Erkrankung an einer Essstörung nicht nur bei Opfern, sondern auch bei Bullys.

3. Schlussteil

Zusammenfassend ist festzuhalten, dass die vorliegenden Studien übereinstimmend die Beteiligung am Mobbing als einen erhöhten Risikofaktor zur Gewichtsreduktion feststellen. Korrespondierende Daten zu überdurchschnittlicher Beschäftigung mit dem Körpergewicht, übermäßigen Hinweisen auf gestörtes Essverhalten sowie ein niedriger BMI bei in Mobbing involvierten Jugendlichen belegen dieses Ergebnis. Nicht festzustellen ist ein Langzeiteffekt, welcher eine erhöhte Gefährdung zur Erkrankung an einer Essstörung im jungen Erwachsenenalter birgt. Den vorliegenden Studien ist kein signifikanter geschlechtsspezifischer Unterschied zu entnehmen. Des Weiteren erfolgt die Erkenntnis, dass die Mobbing Rolle eine direkte Auswirkung auf die Entwicklung von Symptomen einer Essstörung hat und somit als wichtiger Moderator gilt.

Die Untersuchung des Einflusses von Mobbing auf die Entwicklung einer Essstörung in der Adoleszenz führt zum Erkenntnisgewinn, dass Jugendliche, die in Mobbing involviert sind, eher Symptome einer Essstörung aufweisen, als am Mobbing unbeteiligte Gleichaltrige. Demzufolge ist die Forschungsfrage der vorliegenden Arbeit eindeutig zu beantworten. Mobbing Beteiligung ist als Auslöser für Gewichtsreduktion und die Entstehung von Essstörungen im Jugendalter zu werten.

Eine Schwachstelle der angewandten Methodik ist die Beschränkung der genutzten Literatur auf die zwei am häufigsten auftretenden Essstörungen Anorexie und Bulimie. Ob Mobbing als Auslöser für weitere Essstörungen wie beispielsweise die Binge-Eating-Störung gilt, kann anhand der vorliegenden Arbeit nicht festgestellt werden.

Mit der Erkenntnis des in dieser Arbeit beschriebenen Zusammenhangs zwischen Mobbing und Essstörungen bieten sich neue Möglichkeiten zur Vorsorge und Behandlung. Es empfehlen sich gesteigerte Maßnahmen zur Mobbing Prävention an Schulen, wie Informationsveranstaltungen für Schüler/innen und Eltern. Durch Sensibilisieren von Lehrkräften und Pausenaufsichten auf Anzeichen einer Mobbing Beteiligung wäre eine frühzeitige Erkennung und ein sofortiges Eingreifen möglich. Für Therapeuten empfiehlt es sich, durch aufklärende Gespräche mit am Mobbing beteiligten Patienten, schon vor der Entstehung von Symptomen einer Essstörung gegen diese vorzugehen. Zudem stellt der Erkenntnisgewinn einen relevanten Aspekt in der

Therapie von Essstörungen dar. Bringen Ärzte und Therapeuten Essstörungen direkt mit dem Thema Mobbing als potentiellen Ursprung der Erkrankung in Verbindung, bleibt mehr Zeit zur Aufarbeitung der Problematik. Entscheidend ist, nicht nur die Opfer, sondern auch die Bullys zu berücksichtigen.

Zur Ermittlung epidemiologischer Datensätze zu Essstörungen als Folge von Mobbing bedarf es weiteren Forschungen. Zwar konnte anhand der vorliegenden Arbeit eine Korrelation zwischen Mobbing und der Entwicklung von den Symptomen einer Essstörung festgestellt werden, jedoch werden keine Angaben zur Häufigkeit diagnostizierter Essstörungen beschrieben. Anhand einer Langzeitstudie, bei welcher Sekundarschulen erhöhte Maßnahmen zur Prävention von Mobbing sowie eine überdurchschnittlich strenge Bestrafung von Mobbing Beteiligung einführen, könnten epidemiologische Daten ermittelt werden. Durch eine langzeitige Beobachtung der Test-Schulen sowie einer Kontrollgruppe aus Sekundarschulen ohne veränderte Präventionsmaßnahmen, könnten Zahlenvergleiche zu Diagnosen von Essstörungen gezogen werden. Die Zahlendifferenz ergäbe repräsentative Datensätze zur Häufigkeit der durch Mobbing ausgelösten Essstörungen an Schulen.

4. Literaturverzeichnis

V1: Verzeichnis der Bücher

- Pieschel, S., Porsch, T. (2012). Schluss mit Cybermobbing! Beltz Verlag.

V2: Verzeichnis der Fachartikel (Datenbank PubMed)

- Bulik, C. M., Copeland, W. E., Costello, E. J., Lereya, S. T., Wolke, D., Zucker, N. (2015). Is childhood bullying involvement a precursor of eating disorder symptoms? A prospective analysis. URL: https://www.ncbi.nlm.nih.gov/pmc/articles/PMC4715551/. Zugriff: 16.01.2019.

- Dale, J., Guy, A., Lee, K., Wolke, D. (2017). Does psychological functioning mediate the relationship between bullying involvement and weight loss preoccupation in adolescents? A two-stage cross-sectional study. URL: https://www.ncbi.nlm.nih.gov/pmc/articles/PMC5364676/. Zugriff: 16.01.2019.

- Marco, J. H., Tormo-Irun, M. P. (2018). Cyber Victimization Is Associated With Eating Disorder Psychology in Adolescents. URL: https://www.ncbi.nlm.nih.gov/pmc/articles/PMC6010659/. Zugriff: 16.01.2019.

V3: Verzeichnis der Internetquellen

- Ebner, W. (2019). Mobbing in Schulen. URL: https://www.mobbing-in-schulen.de/ pages/mobbing.php. Zugriff: 12.03.2019.

- Freie Universität Berlin (2011). Studie: Mobbing ist ein Gruppenphänomen. URL: https://www.fu-berlin.de/presse/informationen/fup/2011/fup_11_400/index.html. Zugriff: 12.03.2019.

- Robert Koch-Institut (2008). 2.7 Störungen des Essverhaltens. URL: https:// www.rki.de/DE/Content/Gesundheitsmonitoring/Studien/Kiggs/Basiserhebung/ GPA_Daten/Essverhalten.pdf?__blob=publicationFile. Zugriff: 26.02.2019.

- OECD (2017). PISA Sonderauswertung 2017. URL: http://www.oecd.org/berlin/ publikationen/. Zugriff: 15.02.2019.

- Universitätsklinikum München (2017). Anorexie nervosa. URL: https:// www.kjp.med.uni-muenchen.de/klinik/ess_anorexia.php#3. Zugriff: 15.02.2019.

BEI GRIN MACHT SICH IHR WISSEN BEZAHLT

- Wir veröffentlichen Ihre Hausarbeit,
  Bachelor- und Masterarbeit

- Ihr eigenes eBook und Buch -
  weltweit in allen wichtigen Shops

- Verdienen Sie an jedem Verkauf

Jetzt bei www.GRIN.com hochladen und kostenlos publizieren